What is Career

职业启蒙教育丛书

职业是什么

周丽虹 著　吴黛瑶 绘

图书在版编目(CIP)数据

职业是什么/周丽虹著.—北京:北京大学出版社,2013.6
(职业启蒙教育丛书)
ISBN 978-7-301-22562-2

Ⅰ.①职… Ⅱ.①周… Ⅲ.①职业选择-通俗读物
Ⅳ.①C913.2-49

中国版本图书馆 CIP 数据核字(2013)第 109608 号

书　　　名：职业是什么
著作责任者：周丽虹　著　吴黛瑶　绘
责 任 编 辑：杨书澜
标 准 书 号：ISBN 978-7-301-22562-2/G·3631
出 版 发 行：北京大学出版社
地　　　址：北京市海淀区成府路 205 号　100871
网　　　址：http://www.pup.cn
新 浪 微 博：@北京大学出版社
电 子 信 箱：weidf02@sina.com
电　　　话：邮购部 62752015　发行部 62750672　编辑部 62750673
　　　　　　出版部 62754962
印　刷　者：北京大学印刷厂
经　销　者：新华书店
　　　　　　730 毫米×1020 毫米　16 开本　8 印张　6 千字
　　　　　　2013 年 6 月第 1 版　2013 年 6 月第 1 次印刷
定　　　价：35.00 元

未经许可,不得以任何方式复制或抄袭本书之部分或全部内容。
版权所有,侵权必究
举报电话:010-62752024　电子信箱:fd@pup.pku.edu.cn

关于阿拓

我是书的主人公，
名叫阿拓。
我爱踢球、喜欢交朋友，
有时兴趣过于广泛……
关于未来
我一无所知，
但我的内心
充满好奇
还有希望……

找到答案　不如学会思考

　　生活中最难的问题不是对与错、是与非的判断，而是明确自己选择的标准以及学会承担选择的结果。传统的应试教育对人最大的伤害，不是剥夺了大家游戏和交流的时间，而是让人在一个一个经过精心设计的标准答案面前逐渐丧失了独立思考的能力，以及对两难问题的哲学思辨的勇气。

　　职业不仅仅是一个关乎生存或理想的问题，更是一个思考和成长的过程。职业，也许是我们人生中遇到的第一个没有标准答案的问题。职业是什么？职业需要计划吗？职业从何时开始？职业、兴趣可以兼得吗？性格决定职业吗？……这些关于职业的初始问题的妙趣横生的思考就在《职业是什么》这本书中。它帮助读者理解职业的深奥和矛盾性，发现职业的丰富内涵以及可能的误区。

　　今天的职业教育，大多数人在寻求别人的标准答案，少数专家在乐此不疲地制造标准答案。然而，很多笔记本上抄满了密密麻麻答案的人，多少年之后却始终徘徊在职业的大门之外。《职业是什么》这本书所展现出来的对职业问题的思考过程告诉我们，关于职业的问题每个人的答案是不一样的，只有学会了思考，我们才能最终找到属于自己的答案。

作　者　周丽虹
2013年3月

目 录

职业
职业是什么?
2

计划
职业需要计划吗?
14

做主
职业我能做主吗?
29

开始
职业从何时开始?
43

兴趣
职业和兴趣可以兼得吗?
57

性格
性格决定职业吗?
69

体面
什么是体面的职业?
81

专业
职业需要专业对口吗?
93

入错行
什么是入错行?
107

职业是什么？

职业是什么？

职业是什么？

职业就
只有工作才

对，可是……

很多工作显然挣不到钱，
但仍然有人乐在其中，
这是为什么呢？

很多人看起来什么都没干，
但也能挣到钱，
所以挣钱未必要工作。

职业是什么?

职业就是证明自己的过程,它可以带给我成功。

如果我不是什么天才，
甚至连人才也算不上，
还会有职业吗？

如果我并不渴望成功，
还需要职业吗？

证明自己的过程是不是很辛苦？

如果我已经证明了自己
甚至成功了，
是不是职业就可以结束了？

职业是什么?

职业是长大以后的事,
我现在还小,
这件事有点遥远。

很多关于未来的事，
不就是昨天、今天和明天的事吗？

走多远才算远，
长多大才算大
我会不会有一天突然长大呢？

等我长大的那一天
很多问题会不会
自然而然就解决了呢？

职业是什么?

职业

职业到底是什么?

这是对每个人想象力、智慧和勇气的一次拷问。

职业是一个1加1不等于2的问题,

一个和宇宙黑洞一样望不尽、看不透的问题,

但它却没能阻止一个个勇敢的人努力向前。

无论你发现任何答案,

都不必为它的对错而烦恼;

不管你听到过多少遍回答,

都不要就此停止你的思考。

职业的魅力

就在这个永续的探索中积聚。

职业是什么？

职业不仅仅是一个关于未来的事，
更是一个关于今天的事；

职业不仅仅是一个生存的问题，
更是一个
从自然人蜕变为社会人的神话；

因为有了职业，
我们将拥有更大的力量，
我们会拥有更丰富的资源，
我们会因为自己所承载的责任
而对身边的人越来越重要！

> 朋友们,
> 之所以分享这个问题,
> 是想告诉大家

职业

起 点

作为一个社会人,

职业

是金钱与荣耀的载体,

职业

是责任与权力的熔炉,

职业

是理性与感性的交叉点,

职业

是欲望与道德的黄金分割线;

而证明自己长大的方式
就是你开始拥有思考
职业的勇气与智慧!
当你认真思考职业的时候,
职业就在你的身边;
当你不放弃职业的时候,
职业也永远不会放弃你!

职业,从今天开始!

职业需要计划吗？

计 划

职业需要计划吗?

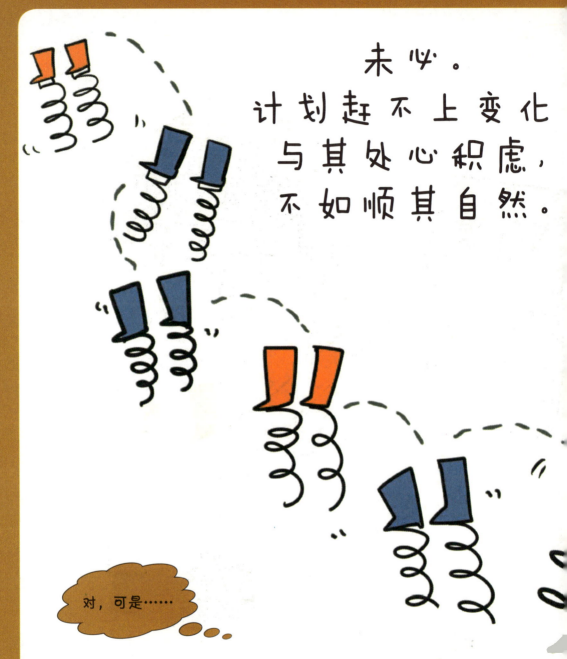

未必。
计划赶不上变化
与其处心积虑,
不如顺其自然。

对,可是……

如果没有计划,
等到的都是
不得不接受的结果吗?

计划

没有了计划时的渴望，
不期而遇的结果
还是会让我有
成就感吗？

计划总是要变的，
面对改变我是否有
足够的勇气呢？

小计划难免会变，
大的目标
会给我足够的安全感吗？

职业需要计划吗?

不必。
因为计划出来的事情没有惊喜,也不刺激。

计划

如果结果和计划不同,
我到底会失望
还是会惊喜呢?

惊喜和刺激
真的是我想要的吗?

什么都不做
也可以是一种
计划吗?

做计划的能力
是不是等需要它的时候,
它就会从天而降呢?

职业需要计划吗?

不需要。
既然行行出状元,
做什么职业都可以。

行行出状元
是不是意味着大家都能成状元呢?

做自己感兴趣的工作，
是不是更幸福呢?

不可能的目标，
我们也需要去计划吗?

是做计划难，
还是做事更难呢?

是主动选择难，
还是接受选择更难呢?

计划

职业需要计划吗?

不需要。
计划如果做错了,
都是自己的责任。
而不做计划
就不怪我了。

计划

对，可是……

计划在心里，
如果不给别人看
谁会知道自己做错了计划呢？

任何计划都可能不完美；
但没有计划会不会更遗憾？

计划做错了，
也能学到有用的经验吗？

如果每个人都会犯错误，
我还会那么害怕吗？

职业需要计划吗?

计划

很多过来人告诫：
每个人都应该为自己的人生做计划。
但为什么要做计划，以及如何做计划
却一直是一个含混不清的问题。

很多人规划职业，
希望可以更快地找到答案；
很多人后悔没有为职业做计划，
似乎职业中所有的不如意
都可以归咎于缺乏计划。

职业需要计划吗?

计划,

是一个与自己心灵相伴的朋友,

而不是一份要交给别人的答卷。

你能计划出一个职业,

却不能计划出成功。

就像你能计划出婚姻,

却无法计划出爱情。

不过

计划虽然不会给你成功,

却可以让你具备成功的能力;

计划虽然不会给你爱情,

却可以让你看清感情的轨迹。

> 朋友们,
> 之所以分享这个问题,
> 是想告诉大家

计划的起点是勇气,

敢于犯错误的勇气;

计划的过程是智慧,

收放自如的智慧。

计划是人生中

一个没有标准答案的问题,

所有的争论与妥协,

都只发生在你和你的心灵之间。

计划是动词,

它的重心在行动!

计划

职业我能做主吗？

职业
我能做主吗？

做主

职业我能做主吗?

当然可以。
不让父母插手,
就可以自己做主!

做主

对,可是……

我的职业
难道真的和父母没有关系吗?

听一听父母的建议,
难道就不算自己做主了吗?

如果父母反对,
我还有勇气自己做主吗?

如果自己的决定错了,
我会后悔自己做主吗?

是的，
只有自己才最了解自己，
所以应该自己做主。

做主

为什么说
人最难了解的是自己呢?

这个世界上会不会有人
比我更了解自己呢?

最了解自己的人,
就一定能做最正确的决定吗?

如果选择的结果自己不想面对,
我还敢自己做主吗?

职业我能做主吗？

会不会有一天
我可以突然间学会如何
面对复杂的问题呢？

是不是没有经历过的问题
我都没有能力解决呢？

做主

不需要。
职业的事太复杂，
自己经验不够，
还是应该找别人
来帮忙。

找到可以帮助你的人
是不是比自己做主更难呢？

由别人做主，
由我来承担结果，
这公平吗？

职业我能做主吗?

未必。
有太多不可控的事
我根本做不了主!

做主

如果别人做主，
就什么事情都有把握了吗？

如果从没有试验过，
又如何知道什么事情不可控呢？

谁能知道
什么是可控的，
什么是不可控的呢？

存在不可控的因素
我们就不敢做决定了吗？

职业我能做主吗？

做主

从小到大,我们会经常问自己和父母

"这事儿我可不可以自己做主?"

然而多数时候,

我们没能得到自己满意的答案。

不能自己做主,

可能因为

我们没有时间去思考,

可能因为

我们缺少勇气去选择,

也可能因为

有人看起来比我们更聪明……

就这样,

我们一次次与自己该做主的事儿擦肩而过。

职业我能做主吗?

> 朋友们,
> 之所以分享这个问题,
> 是想告诉大家

职业的事,

就是自己的事!

只要你拥有勇气和思想,

你就会拥有时间、能力和机会。

自己做主,不等于逃避他人的反对;

自己做主,不等于只关心自己的需要;

做主

自己做主,
做一个真正的冒险家,
而不是冒失鬼!

自己做主,
就是在可能的失败面前,
能够从容地享受
生活留给自己的
一份信任与自由。

职业从何时开始？

开始

职业从何时开始?

职业从何时开始?

分文理,
选专业,
经过一次次这样或
那样的选择,
我的职业才算开始。

对,可是……

职业
是被动开始的,
还是可以主动开始呢?

只要选择了,
职业就一定会开始吗?

开始

到底是选择的结果重要，还是选择的过程对职业的启动更重要呢？

如果闭着眼睛做选择，职业也会开始吗？

职业从何时开始？

上了"职业规划"课，
我的职业之旅才算开始！

课堂
可以给我职业所需要的一切吗?

一定要有导师
我的职业才会真正开始吗?

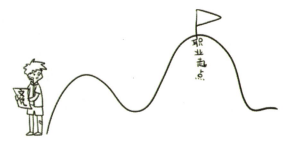

课堂离职业还有多远呢?

坐在"职业"的课堂上,
我就可以算做是一个职业人了吗?

开始

职业从何时开始？

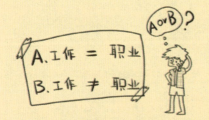

工作可以等于职业吗？

职业如果是"怀胎十月"的孕育，工作就是这个孕育的唯一结果吗？

开始

工作才是我职业的开始。

如果找不到工作，
我的职业就不会开始了吗？

如果工作是职业的开始，
那么退休就是职业的终结吗？

只有成功
才能证明我的职业
是真实存在的！

成功要多大
我才能感受到职业的存在呢?

是成功证明了职业的存在,
还是职业证明了成功的合理性?

如果成功的感觉只是个瞬间,
那么职业也会转瞬即逝吗?

既然成功是可以感知的,
职业也可以看得见、摸得着吗?

职业从何时开始？

职业

到底会何时悄悄降临？

它是我们生命中不期而遇的惊喜，

还是那个一直尾随我们的影子。

当职业开始的时候，

它会轰轰烈烈，

还是会像涓涓细流，

悄悄地将我浸润。

是否有人能告诉我

职业什么时候会来，

并且在它真的到来前，

我们又可以做点什么呢？

职业从何时开始?

> 朋友们,
> 之所以分享这个问题,
> 是想告诉大家

职业就像空气,

除非你把它抽离,

它会始终围绕着你,

不离不弃!

职业就像微风,

当你发现它的时候,

它早就在你身边,

不远不近!

开始

职业

就如同一次生命的孕育，

你想何时收获，

取决于你何时开始耕种。

职业从你知道它的名字开始，

职业从你想象它的样子开始，

职业从脚下的路开始。

职业和兴趣可以兼得吗?

应该的。
做不了自己喜欢的事，
职业不就成为一种
痛苦了吗。

兴趣

世界上有没有一种职业
能够涵盖我所有的兴趣呢?

如果工作中
一半是快乐,
一半是痛苦,
我该因为快乐而留下,
还是该因为痛苦而离开呢?

黑和白之间是灰色,
动与静之间是无为,
那么喜欢与不喜欢之间
可以有些什么呢?

那些看起来成功的、
快乐的人们,
真的都在做自己喜欢的工作呢?

职业和兴趣可以兼得吗?

不现实。
如果大家都能干
自己
喜欢的事,
那不成了
童话世界了嘛。

兴趣

追求使自己快乐的事
难道不对吗?

在童话世界里,
大家也不是都可以做
自己喜欢的事呀!

看似不喜欢的工作,
难道就不能快乐地去做吗?

看似有兴趣的事,
难道就没有让我们
痛苦的问题吗?

职业和兴趣可以兼得吗?

是呀,
如果不以兴趣为标准,
我简直想不出
该怎样去选择职业。

兴趣

如果我的兴趣可能会伤害到他人，
它还可以成为职业吗？

如果我的兴趣别人不需要，
它还可以成为职业吗？

如果把兴趣都放进工作，
那么下班回到家
我还可以找到快乐吗？

兴趣总在变，
我到底该为了固守现有的兴趣而放弃职业，
还是可以在职业中发现新的兴趣呢？

职业和兴趣可以兼得吗?

兴趣

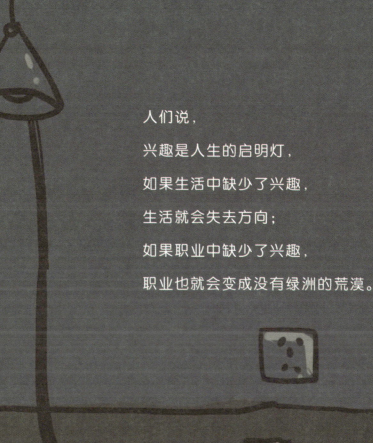

人们说，

兴趣是人生的启明灯，

如果生活中缺少了兴趣，

生活就会失去方向；

如果职业中缺少了兴趣，

职业也就会变成没有绿洲的荒漠。

兴趣与职业间的距离

我们是否能够跨越？

它们之间的关系

是水火不容，

还是可以水乳交融？

兴趣与现实间的博弈

我们到底该妥协还是去征服？

而征服的结果

会是两败俱伤，

还是会留下孤独的骄傲？

职业和兴趣可以兼得吗？

兴趣

就像时间，

职业永远都赶不上它的步伐，

更不可能让它停下。

兴趣

也许可以给我们职业的起点，

但当我们止步于兴趣，

职业也只会在原地踏步。

兴趣

是我们生活中

可以期待的一个又一个惊喜，

只要我们有一双明亮的眼睛

就能不断地发现新的兴趣。

> 朋友们，
> 之所以分享这个问题，
> 是想告诉大家

兴趣

可以成为你自己的财富，

而职业

却属于你和你周围的人！

职业

也许可以为我们包装出一份成功，

而兴趣

却可以成就一个丰满的人生！

一个有智慧的人

可以把职业变成自己的兴趣；

而一个有理想的人

却可以在兴趣中创造职业！

兴趣

性格决定职业吗?

性格

性格决定职业吗?

性格决定职业吗？

是的。
性格可以决定命运，
自然也可以决定职业。

性格

同样的性格
难道只能选择一种职业吗?

到底是态度决定一切,
还是性格决定一切呢?

是性格决定了职业,
还是职业可以塑造性格?

改变了性格,
职业就一定会改变吗?

性格可以改变,
所以我们也一定
可以掌控自己的职业。

性格

改变职业
一定要改变性格吗?

改变了性格,
原本喜欢的职业
还会那么吸引我吗?

性格会自然改变
还是需要刻意的设计呢?

是改变性格容易,
还是改变职业更容易呢?

性格决定职业吗?

不会的。
相信性格是迷信,
相信自己更重要。

性格

相信性格，
不等于不相信科学呀！

做自己喜欢的事情，
和喜欢的人一起做事，
以自己喜欢的方式来做事，
这些难道都是迷信吗？

相信自己，
就能保证所做的选择都是正确的吗？

性格是自己的一部分，
相信性格不就是相信自己吗？

性格决定职业吗?

性格

性格是什么。

它有时看不见、摸不着,

但却像空气一样真实地存在着。

关于性格的种种说法,

到底是真?还是假?

是否应该

把性格奉为圣旨?

很多人一提职业

就会从性格说起。

性格到底多大程度上决定和影响着我们的职业,

以及这个答案又藏在哪里呢?

性格决定职业吗?

性格就像我们的基因,

不仅与生俱来,

还将如影随形。

你可能看不到它,

却无法逃避它。

性格是每个人成长的忠实记录,

它会改变,

因为我们一直在成长。

所有关于性格的说法,

都不是简单的对与错;

所有关于性格的做法,

也都不是纯粹的好与坏。

无论你喜欢或不喜欢自己,

性格都是生活赐予我们的礼物。

发现和欣赏性格的魅力,

性格也会忠诚并善待你自己。

朋友们,
之所以分享这个问题,
是想告诉大家

所以，
不必回避性格，
因为它是真实的你；
也不必听命于性格，
因为你的成长可以改变性格。

相信性格，
它是陪伴你成长的伙伴！
善待性格，
它会给你热情与智慧，
还会给你力量与信任！

性格不能决定职业，
它却可以影响你看待职业的方式。
性格甚至不能决定命运，
它却可以刻画出多彩的生活。

每个人的性格虽然不同，
却可以
条条大路通罗马。

什么是体面的职业？

体面

什么是
体面的职业?

什么是体面的职业?

体面的职业
是努力奋斗后的收获。

如果不能知道最后的结果,
我还会努力吗?

要想收获,
除了努力不需要其他东西了吗?

如果不努力也能收获,
我还会努力吗?

今天的努力什么时候可以收获?

什么是体面的职业?

体面

体面的职业,
到底是底线还是理想呢?

是生存更有意义,
还是体面更重要呢?

职业的目标一定
要很伟大吗?

小人物也可以
有体面的职业吗?

什么是体面的职业？

体面的职业
包含了太多的东西！

没有拿得出手的文凭,
可以找到体面的职业吗?

体面的职业
到底是别人定义的,
还是自己定义的呢?

没有宽敞明亮的办公室,
还算是体面的职业吗?

体面

什么是体面的职业？

体面的职业是什么，

它是皇帝的新衣，

还是自己坚守的信仰？

为了找到体面的职业，

我们是否需要埋头苦干，

甚至必须委曲求全？

用多少倍的放大镜

什么样的指南针

才能帮我们找到属于自己的体面职业呢？

体面

什么是体面的职业？

> 朋友们，之所以分享这个问题，是想告诉大家

体面的职业

是给自己真诚的拥抱

体面的职业

是对生活忠诚的陪伴；

体面的职业

是给自己最大的面子，

是对生活的感谢与回报。

体面

有的人

只把职业写在简历上,

或者是挂在嘴上;

而体面的人

却把职业刻在心里,

还有自己的墓志铭上,

让生命延续。

拥有体面的职业

是每个人的权利,

它是我们对自己的信任与承诺,

更是我们对他人的托付与善意。

体面的职业在哪儿?

它在眼睛里,

在舌尖上,

还有我们的手掌心。

体面的职业

属于所有虔诚的信徒,

体面的职业

属于所有勇敢的逐梦人!

职业需要专业对口吗?

职业需要专业对口吗?

如果工作十年后才用上所学的知识,也算专业对口吗?

如果课堂学的知识一毕业就过时了,我该如何专业对口呢?

专业

当然应该对口，
不然学的知识就没用了！

工作中所用的知识
难道都是在学校里学到的吗？

学了两个专业，
是不是专业对口的机会
就可以大一倍呢？

职业需要专业对口吗?

不需要。
人要变通,专业对口
就等于画地为牢。

如果学的知识以后用不到，
我学习的动力又从哪里来呢？

变通多大才算变，
坚持多久才算坚持呢？

到底什么该变通，什么又该坚持？
变通是一个理由，还是一种选择？

坚持或是变通，
到底什么才代表成功？

职业需要专业对口吗?

当然应该。
人要有清晰的目标,
不能轻易改变方向。

专业

如果专业不对口，
是否就证明自己没有目标呢？

难道有清晰的目标
人生就不走弯路了吗？

学的是自己不喜欢的专业
也要坚持专业对口吗？

专业对口只是毕业时的目标，
还是要坚持一辈子的目标呢？

职业需要专业对口吗?

应该。
只有专业对口,
职业才会更容易成功。

专业

专业对口
到底是职业的目标
还是职业成功的捷径?

如果成功需要多项专业能力,
我也要学很多个专业才能"成功"吗?

专业对口的目的
是为了工作以后不用学习了吗?

专业对口
是为了证明教育者的成功,
还是为了证明学习者的成功呢?

职业需要专业对口吗？

专业

专业
到底是什么？
它应该由学校定义，
由社会定义，
还是应该由自己来定义呢？

专业选错了，
就一定会入错行吗？
专业不对口，
是否就证明
自己与成功擦肩而过了呢？

专业到底有多重要，
专业到底有多玄妙，
人的一生可以用多长时间来思考自己的专业方向，
又会有多少次机会选择自己的专业命运呢？

职业需要专业对口吗?

专业

是一种选择,

它考验的

是一个人生活的智慧与勇气。

但无论你多么有智慧,

你都不可能知道

未来会用到什么知识,

你也不可能预测

今天学到的知识会在哪一天用到。

> 朋友们,
> 之所以分享这个问题,
> 是想告诉大家

专业的宽度

并不等于职业的宽度;

专业的深度

更无法探测生命的深度。

专业对口,

既不能证明学业的成功,

也不能证明职业的成就!

这个命题的意义

仅在于引导我们持续不断地思考

什么是专业。

专业文凭,

不是为了证明你学到了什么,

而是为了证明你有能力学好什么。

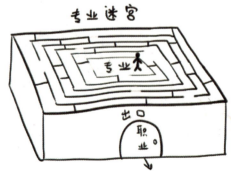

专业
可以给你一座灯塔,
照亮你思考的方向。

专业
可以给你一个准确的报时,
帮助你校对出发的秒表。

专业
不是孙悟空头上的紧箍咒;
更不是囚困理想的牢笼。

专业是否对口
也许是断章取义的文字游戏;
要想看清职业的路,
我们需要卸掉"专业"的包袱,
轻装上阵!

什么是入错行?

入错行

什么是入错行?

什么是入错行？

如果工作中有很多不如意，那一定是入错了行。

对，可是……

世界上是否有一种职业可以让我无可挑剔呢？

我不能接受的工作，为什么别人可以容忍呢？

入错行

换个老板是不是就能让我满意呢？

今天不如意的工作，是不是有一天也会变得顺心呢？

什么是入错行？

做不了自己喜欢的事，就是入错了行。

入错行

是不是一定要把喜欢的事
都变成自己的职业呢?

喜欢的事有很多,
但只能做一份职业怎么办?

如果兴趣总在变,
难道职业也要随着一起变吗?

到底是喜欢了才应该去做,
还是做上了才会真正喜欢?

什么是入错行？

如果别人的工作比我更赚钱，或者比我更快成功我一定是入错了行

对，可是……

无论入哪行
都会有人比我更成功，
那么我入哪行都会错，对吗？

看起来比我有钱
甚至比我成功的人，
为什么也会抱怨自己入错了行呢

入错行

更快地挣钱，
更快地成功，
更快地跑到终点，
难道就是职业的真正目标吗？

更多的钱
是不是代表自己更有价值；
更大的成功
能不能给我更多的快乐呢？

什么是入错行?

对,可是……

在学校,
99分可能是第一名;
而在工作中,
为什么99分却仍然"不及格"?

当能力总算达到了工作要求时,
我是不是要跳槽了?

入错行

度正合好

如果我的能力和
工作不匹配,
那一定是
入错了行。

如果我有能力做很多事,
我又该如何选择呢?

有人大材小用了,
有人小材大用了,
是不是能力和工作
永远都不能匹配呢?

什么是入错行？

今天的世界，

聚光灯放大了我们的欲望，

化学试剂催熟了我们的快乐，

然而，

在无数眼花缭乱的目标中，

我们却更加容易迷失方向，

更加害怕输，

害怕选择。

入错行，

到底是一种可怕的咒语，

还是一个被扭曲的预言。

关于入错行的种种猜测和想象，

到底会让我们变得更加理性和智慧，

还是会让我们变得越来越胆怯和无助？

入错行

什么是入错行？

> 朋友们，
> 之所以分享这个问题，
> 是想告诉大家

每个人都怕犯错误，

可并不是每一个错误都那么可怕。

不仅不可怕，

有时它反而可以成为一份意外的礼物。

职业不一定是你最喜欢的事，

但只要你善于经营，

就会发现它的可爱与乐趣。

职业不一定是你马上可以胜任的事，

但它却可以让你变得更强大、坚韧。

入错行

入错行不可怕，

比入错行更可怕的

是我们内心的恐惧与焦虑。

入错行不可怕，

比入错行更可怕的

是我们从此有了一个"拒绝别人，吓唬自己的理由"。

而当有一天你真的被这个理由说服时，

你也将永远错过人生绝美的风景。

所以，

入错行不可怕！

致 读 者

亲爱的读者：

  感谢大家和我一起分享"职业启蒙教育丛书"！职业是一个个性化的命题，这里没有标准答案，更没有完美的思路，有的只是我们每个人永不停歇的思考和探索。如果说我对这套书有所期待，就是希望它像火种，能够由每位关心它的读者传递出去，直到希望的彼岸。

  欢迎大家加入我们的读者qq群（176757994）或关注我的微博（51彩虹心），分享你的内心体会和思路，以及关于下面这些问题你的补充、更正或建议。

  1.《职业是什么》一书中除了现有的九个问题，你认为还有哪些容易使人困惑的职业问题应纳入后续的讨论？

_____

  2.关于学业规划，你希望后续纳入研究和讨论的问题有哪些？

_____

  3.《学业规划之棋局》中的"大学专业快速检索表"，除了现有的460多个专业，你建议再增加哪些专业的解读和推荐？

_____

  4.《资深职业经理人带你入行》一书除了现有的10大行业外，你感兴趣的还有哪些行业？

_____

  5.《职业伴你成长——拓展手册》中你认为应增加哪个主题的练习或拓展活动。

_____

  职业的路上有你、有我！感谢大家一路同行！

作 者　周丽虹